AF370287

L'OCTROI

POÉSIE

P. TRIMOUILLAT

L'OCTROI

POÉSIE

DITE PAR

Mademoiselle REICHENBERG,
de la Comédie-Française.

PARIS

TRESSE & STOCK, ÉDITEURS

8, 9, 10, 11, GALERIE DU THÉATRE-FRANÇAIS

PALAIS-ROYAL

1886

Tous droits réservés

A

MADEMOISELLE REICHENBERG

Lorsqu'on vous a pour interprète,
Une œuvre toujours réussit.
Donc à triompher je m'apprête :
Lorsqu'on vous a pour interprète,
Jamais le succès ne s'arrête...
— Il est bien faible, ce récit ;
Mais quand vous êtes l'interprète,
Une œuvre toujours réussit...

P. Trimouillat.

L'OCTROI

I

Lorsqu'un jeune homme est trop timide,
C'est un bien grand malheur pour lui.
Celui que j'épouse a l'ennui
D'avoir ce défaut insipide.
Il est beau, brave, généreux,
Ses droits au bonheur sont nombreux,
Mais avec moi s'il est heureux,
Vraiment il faudra qu'il proclame
Devoir son bonheur — à sa femme !
S'il me fait aujourd'hui la cour,
C'est parce que j'ai tout fait pour
Qu'il pût déclarer, sans détour,
Que je suis celle qu'il préfère.
Oui, si je n'avais fait le vœu
D'avoir malgré lui cet aveu,
Jamais il n'eût osé le faire !

I I

Ah ! si j'eusse été moins experte,
Croyant m'aimer à mon insu,
Et de peur d'être mal reçu...
Il m'eût aimée en pure perte.
Mais en l'observant avec soin,
Je l'avais vu souvent, de loin,
Au salon, blotti dans un coin,
Pensant n'être vu de personne,
Dévorer des yeux ma personne...
L'amour ainsi commence, il m'en
Souvient, dans maint et maint roman...
(Oh ! de bons, choisis par maman !)
Sachant à qui j'avais affaire,
Vers lui (c'est permis, n'est-ce pas ?)
J'ai toujours fait le premier pas :
Jamais il n'eût osé le faire !

III

Quand se résoudra-t-il, pensais-je,
A m'apprendre — ce que je sais ?
Pour qu'il parlât, j'ai — sans succès —
Risqué plus d'un petit manège..
Certes, son secret le tuait,
Mais à rester toujours muet
Le malheureux s'habituait,
Et sans certaine circonstance
M'eût toujours aimée à distance !
— Or, nos deux familles, un jour,
S'en vont ensemble faire un tour
Dans un village d'alentour.
Pour forcer l'aveu qu'il diffère,
Et pour le tirer d'embarras,
Je l'invite à m'offrir son bras :
Jamais il n'eût osé le faire.

I V

Notre promenade est charmante,
Mon cavalier plein d'esprit ; mais
Je sens qu'il n'osera jamais
Parler de ce qui le tourmente....
Loin des parents, seul avec moi,
Il peut parler !... — Avec effroi,
Je vois qu'on repasse l'octroi !
— Mais, monsieur, n'avez-vous, lui dis-je,
Rien à déclarer ? — O prodige !
Comprenant cette allusion,
Soudain, non sans émotion,
Il fait — sa déclaration...
— Il faut qu'à maman j'en réfère,
Répliquai-je. — Et le lendemain,
Pour lui je demandai — ma main :
Jamais il n'eût osé le faire !

V

Le jugeant, bien que trop timide,
Capable d'être un bon mari,
De notre histoire ayant bien ri,
Maman sans peine se décide
A nous marier cet été.
— Je crois que dans l'intimité
Il a moins de timidité...
Plus qu'il ne faut peut-être, même,
Il me dit à présent qu'il m'aime,
Et le répète à tout venant.
Souvent — changement surprenant —
N'affecte-t-il pas maintenant
De me traiter en écolière ?
Je souris... car je crois, ma foi,
Que s'il fait mon bonheur, sans moi, —
Jamais il n'eût osé le faire !

FIN

www.ingramcontent.com/pod-product-compliance
Lightning Source LLC
LaVergne TN
LVHW010818180726
843502LV00009B/3409